BEI GRIN MACHT SICH IHR WISSEN BEZAHLT

AF131354

- Wir veröffentlichen Ihre Hausarbeit,
  Bachelor- und Masterarbeit

- Ihr eigenes eBook und Buch -
  weltweit in allen wichtigen Shops

- Verdienen Sie an jedem Verkauf

Jetzt bei www.GRIN.com hochladen
und kostenlos publizieren

Verena Schörkhuber

Auf dem Weg zu mehr Lernautonomie

Lernberatung in Deutsch als Fremdsprache

GRIN Verlag

Bibliografische Information der Deutschen Nationalbibliothek:

Die Deutsche Bibliothek verzeichnet diese Publikation in der Deutschen National-
bibliografie; detaillierte bibliografische Daten sind im Internet über http://dnb.d-
nb.de/ abrufbar.

Impressum:

Copyright © 2007 GRIN Verlag GmbH
Druck und Bindung: Books on Demand GmbH, Norderstedt Germany
ISBN: 978-3-656-26965-6

Dieses Buch bei GRIN:

http://www.grin.com/de/e-book/200182/auf-dem-weg-zu-mehr-lernautonomie

GRIN - Your knowledge has value

Auf dem Weg zu mehr Lernautonomie:
Lernberatung in Deutsch als Fremdsprache

Abschlussarbeit

Autonomie und Lernberatung

INHALTSVERZEICHNIS

1 Autonomes Lernen

1.1 Definition

Während *selbst gesteuertes Lernen* ein eher technizistisches Verständnis beinhaltet, ist *autonomes Lernen* ein humanistischer Begriff. Ersteres meint eine Gestaltung von Unterrichtsmaterialien die es den Lernenden ermöglicht ohne Lehrende zuminderst weitgehend auszukommen. Dabei ist jedoch die Entscheidungsfreiheit der Lernenden auf die Auswahl der Materialien und die zeitliche Anwendung beschränkt. Im Gegensatz dazu bezieht sich Zweiteres auf die Fähigkeit eigenverantwortlich und selbstständig zu lernen.[1]

Weiteres definiert Wolff nach Holec dessen Idealbild eines autonomen Lernenden. Dieser kann ‚sein Lernen eigenverantwortlich gestalten und alle Entscheidungen im Hinblick auf sein Lernen übernehmen'[2]. Holec bezieht diese Entscheidungen auf ‚die Festlegung der Lernziele, der Inhalte und der Progression, auf die Auswahl der zu benutzenden Methoden und Arbeitstechniken, auf die Gestaltung des Lernprozesses (in Hinblick auf Zeit, Ort, Rhythmus) und auf die Bewertung des Gelernten und des Lernprozesses, d.h. es sind Entscheidungen, die in herkömmlichen Unterrichtskontexten vom Lehrer getroffen werden'[3].

1.2 Autonomie im Kontext des Sprachenlernens

(1) Erstsprachenerwerb

In einem ersten Schritt soll der Erwerb der Erstsprache in den Blick genommen werden. Unbestrittenerweise ist der Erwerb dieser ein unerlässlicher Teil der normalen Entwicklung jedes Kindes. Darüber hinaus hat dieser Prozess drei wesentliche Dinge mit dem kognitiven Entwicklungsprozess, wie er von Piaget und Bruner charakterisiert wird, gemeinsam. Erstens ist das Erlernen der Erstsprache nicht nur additiv sondern durchläuft verschiedene Stadien. Wenn sich das Kind von einem Stadium zum nächsten entwickelt muss das linguistische Wissen an die neuen Strukturen angepasst werden. Zweitens wird das Lernen der Sprache nicht von der Benützung der Sprache unterschieden und drittens erfolgt der Fortschritt von

---

[1] Vlg. Wolff, *Lernerautonomie*, 321
[2] Wolff, *Lernerautonomie*, 322
[3] Wolff, *Lernerautonomie*, 322

1

einer Stufe zur nächsten sobald das Kind dafür bereit ist, aber nicht dann wenn es ihm Eltern oder andere Autoritäten anordnen.[4]

Die Lernerautonomie von Kindern im Bezug auf den Erwerb ihrer Erstsprache lässt sich an zwei Aspekten festmachen. Einerseits haben sie einen (unbewussten) linguistischen Rahmen auf dem ihre Sprachentwicklung aufbaut, andererseits den sozialen Freiraum des natürlichen sozialen Sprachkontakts mit seiner Umwelt.[5]

(2) Zweitsprachenerwerb

In einem zweiten Schritt sollen nun die bisherigen Erkenntnisse mit dem Zweitsprachenerwerb verglichen werden. Dem vorigen am ähnlichsten ist wahrscheinlich die Methode des so genannten *naturalistischen Sprachlernens*. Ähnlich wie bei kleinen Kindern werden die Lernenden sozialen Interaktionen in der Zielsprache ausgesetzt. Durch die Notwendigkeit in der Zielsprache zu kommunizieren soll diese gelernt werden. Obwohl die Voraussetzungen ähnlich erscheinen besteht ein wesentlicher Unterschied. Während Kinder die mit derselben Erstsprache aufwachsen alle als *Muttersprachler* bezeichnet werden und eine weitgehend gleiche Sprachkompetenz aufweisen, können bei Lernenden einer Fremdsprache sehr unterschiedliche Sprachkompetenzen in der Zielsprache festgestellt werden. Little folgert daraus mit Illich, dass erfolgreiches Lernen oft unabhängig von einem formellen Lehrkontext abläuft. Erfolgreiche Fremdsprachenlernende sind meistens in einer günstigen sozialen Situation, wo sie willkommen sind und unterstützt werden und so eine breite Palette an Kommunikationsmöglichkeiten zur Verfügung haben, die mit der sozialen Autonomie des Kleinkindes das seine Muttersprache lernt vergleichbar ist. Weiters haben diese in den allermeisten Fällen eine positive Motivation die Zielsprache zu lernen, auch diese psychologische Autonomie kann mit dem Erstsprachenerwerb verglichen werden.[6]

(3) Implikationen für den Sprachunterricht

Die grundsätzliche Zielsetzung von Fremdsprachenunterricht kann im Erreichen von *kommunikative Kompetenz* der Lernenden in der Zielsprache zusammengefasst werden. Was das genauer bedeutet, hängt von den kommunikativen Bedürfnissen und Situationen der Lernenden ab. Dennoch ist allen gemeinsam, dass sie die Zielsprache erfolgreich und autonom benutzen können. Um diese Autonomie aufrechterhalten zu können ist eine hohe Sprachsensibilität notwendig. Jedoch wird in vielen methodisch-didaktischen

---

[4] Vlg. Little, *Learner Autonomy*, 23-24
[5] Vlg. Little, *Learner Autonomy*, 24
[6] Vlg. Little, *Learner Autonomy*, 25-27

Sprachunterrichtskonzepten genau diese Komponente vernachlässigt. Weiters wurde gezeigt, dass das menschliche Gehirn bestimmte Wege und Methoden zum Sprachenlernen hat. Daher folgt erfolgreicher Fremdsprachenunterricht den vorgegebenen Strukturen wie sie auch im natürlichen Lernprozess zu finden sind.

1.3 Autonomie im Fremdsprachenunterricht

(1) Gründe die dafür sprechen (mehr) Lernautonomie in der Schule einzuführen[7]

Die meisten Menschen werden eigene positive Lernerfahrungen durch folgende Elemente charakterisieren: Motivation, Befriedigung der persönlichen Bedürfnisse, Aktivierung von schon vorhandenem Wissen, aktive persönliche Einbindung in die Wahl der Lerninhalte und Lernmethoden, das Gefühl Fortschritte zu machen, ein Gefühl von Selbstvertrauen/Sicherheit/Akzeptanz/Respekt, die Möglichkeit Erfahrungen mit anderen zu teilen, gegenseitige Unterstützung, Zugang zu Hilfestellungen wenn diese benötigt werden sowie Unterstützung und Vertrauen von anderen.

Diese persönlichen Erfahrungen stimmen auch mit den wissenschaftlichen Lernforschungsergebnissen überein. Im Folgenden sollen diese kurz vorgestellt werden.

Wenn die Lernenden mehr Einfluss auf die Gestaltung ihrer Aktivitäten im Unterricht haben, bringen sie sich mehr ein und arbeiten aktiver mit. Dadurch können sie auch ihren Lernprozess besser verstehen und evaluieren. Weiters bedeutet lernen eine Beziehung zwischen schon Bekanntem und noch Unbekannten aufzubauen, und das können nur die Lernenden selbst machen. Darüber hinaus bleibt Wissen das von anderen präsentiert wurde nur deren Wissen. Sobald aber Wissen selbst erworben wird, wird es Teil der Weltsicht auf deren Basis gehandelt wird. Letztlich kann kein Mensch und keine Institution alles Wissen vermitteln, welches Menschen in ihrem täglichen Leben brauchen. Deshalb sollte der Fokus auf dem *wie* des Lernens liegen, sodass die Menschen gelernt haben wie sie lernen können.

(2) Lernautonomie im fremdsprachigen Klassenzimmer[8]

Aus den bisherigen Theorien lassen sich konkrete didaktische Konzepte für einen autonomen Unterricht umsetzten. Diese lassen sich in einigen wesentlichen Aspekten zusammenfassen.

Die vorherrschende Sozialform ist die *Gruppenarbeit*. Dadurch wird die Verantwortlichkeit des Einzelnen erhöht und die Lernenden sind unmittelbarer für das Gelingen ihrer

---

[7] Vlg. Dam, *How to develop autonomy*, 117-118

[8] Vlg. Wolff, *Lernerautonomie*, 324-326

Arbeitsaufgaben verantwortlich. Zusätzlich können die Kleingruppen unterschiedliche Aufgabenstellungen behandeln, die dann auch im Plenum behandelt werden müssen um die gesamte Gruppe so gut wie möglich auf einen gemeinsamen Wissensstand zu bringen. Durch diesen Vermittlungsprozess wird in hohem Maß auf authentische Weise Gebrauch von der fremden Sprache gemacht.

Ein weiterer Aspekt ist die *Art der Aufgabenstellung*. Im Vergleich zum herkömmlichen Unterricht steht den Lernenden ein breiteres Spektrum an verschiedenen Aufgaben zur Verfügung und bei deren Verteilung haben die Lernenden die Möglichkeit selbst auszuwählen wozu sie arbeiten und lernen möchten. Zusätzlich wird zwischen kurzfristigen Aufgaben, die innerhalb einer Unterrichtseinheit abgeschlossen werden, und längerfristigen Projekten, deren Erbringung oft auch vertraglich abgesichert ist, unterschieden. Zweitere haben einen Bezug zur fremden Sprache und werden auch, in welcher Form auch immer, schriftlich festgehalten und dokumentiert.

Für die Arbeit in der Lernwerkstatt Klassenzimmer stehen den Lernenden selbstverständlich *Materialien* zur Verfügung. Diese reichen von authentischen Texten, jeglicher Art von Nachschlagewerken bis zu Ideen für Aktivitäten und Projekte. Grundsätzlich gilt, je unterschiedlicher die zur Verfügung gestellten Materialien sind, desto eher kann optimales Lernen stattfinden.

Ein wesentlicher Aspekt von einem so gestalteten Unterricht ist die *Bewertung des Wissensstands der Lernenden*. Diese findet in regelmäßigen Abständen statt, meistens wenn die Lernenden ein Projekt abgeschlossen haben oder nach dem Ende eines zeitlichen Rahmens wie etwa einer Woche. Dabei müssen sowohl alle Lerngruppen als auch die einzelnen Lernenden je für sich die Frage nach dem neu Gelernten beantworten. Selbstverständlich werden in diesem Rahmen unterschiedlich Aspekte, wie Aktivität, Materialien, Ergebnisse, Lernerfolg und dergleichen, zur Sprache gebracht.

Letztlich findet sich in solchen Kontexten des autonomen Lernens auch eine völlig andere Rolle der Lehrperson. Diese ist nicht ein (möglichst) allwissender Instruktor, sondern Wissensquelle, Moderator und Berater der Lernenden. Die Hauptaufgabe der Lehrenden ist einen Rahmen zur Verfügung zu stellen in dem gelernt werden kann.

(3) Autoevaluation durch die Lernenden[9]

Die Berufswelt übt zunehmend Kritik an der mangelnden Verfügbarkeit des über Jahre angesammelten Schul- beziehungsweise Universitätswissens. Daher scheint es wichtig, dass

---

[9] Vlg. Herbst, *Autoevaluation*, 61-74

neue Verfahren in den Evaluationsprozess des Gelernten einbezogen werden um auf diese Weise Evaluation stärker zu einem ‚Hilfsmittel zur Selbststeuerung des Lernprozesses'[10] als einem ‚Sanktionierungsinstrument'[11] zu machen.

Sobald Lernen als individueller Prozess definiert wird folgen daraus in logischer Konsequenz auch individuelle Formen der Leistungsbeurteilung. Dabei geht es weitgehend die Verschiebung des Fokus vom Lernergebnis auf den Lernprozess und dessen Optimierung. was bedeutet ‚dem Lerner unmittelbare und handlungsrelevante Rückmeldungen zur Verbesserung des Lernens zu liefen und nicht nur punktuell seinen Leistungsstand anzuzeigen'[12].

In diesem Zusammenhang darf aber auch nicht vergessen werden, dass es nicht darum geht die bisherige Heteroevaluation durch Lehrende oder andere externe BewerterInnen durch ausschließlich durch Autoevaluation zu ersetzen. Im Gegenteil, Lernende die aufgrund geübter Autoevaluation sich selbst einschätzen können werden Evaluationen durch andere Menschen gewinnbringend für sich und ihren Lernprozess nutzen können.

Ein zusätzlicher Aspekt autoevaluativer Verfahren ist, dass es sich weitgehend um *qualitativ-deskriptive* Verfahren handelt. Diese unterstützen die Lernenden eine kritische und differenzierte Selbstbeobachtung aufzubauen. Dadurch lernen diese ihre Lernprozesse selbst eigenverantwortlich und adäquat einzuschätzen und ihr weiteres lerntechnisches Vorgehen dementsprechend zu gestalten.

Schließlich geht es bei autonomer Evaluation nicht nur um die selbstständige Durchführung durch die Lernenden, sondern auch darum, dass diese ihre Schwerpunkte im Bezug auf das was sie lernen wollen, selbst setzen können. Das wiederum impliziert, dass der Unterricht stark schülerzentriert, individualisiert und kooperativ zwischen den Lernenden ablaufen muss.

Im Rahmen dieser selbstständigen und selbstverantwortlichen Evaluation des Lernprozesses durch die Lernenden hat die Lehrperson eine besondere Rolle. Es geht nicht (mehr) darum die Lernenden zu kontrollieren sondern sie in der Entdeckung ihres autonomen Lernens zu begleiten. Das schließt keineswegs aus, dass der Lehrperson als Spezialist im zu erschließenden Fachgebiet der Zielsprache eine besondere Gewichtung im Vergleich zu den anderen Lernenden zukommt.

---

[10] Herbst, *Autoevaluation*, 62
[11] Herbst, *Autoevaluation*, 62
[12] Herbst, *Autoevaluation*, 63

2 Sprachlernberatung

2.1 Was ist Sprachlernberatung?

Allgemeines Ziel von Sprachlernberatung ist es, Lernende in ihrem Fremdsprachenlernen [...] zu unterstützen, Verantwortung für den eigenen   Lernprozess zu übernehmen und für sie effiziente Lernwege zu finden. Beratende erreichen diese Aufgabe, indem sie Lernenden helfen, ihre Fähigkeiten zu entwickeln, eigene Lernziele und –gegenstände zu bestimmen, Lernstrategien, Materialien und soziale Arbeitsformen auszuwählen, sich ihre   Motive   und Einstellungen zum Lernen bewusst zu machen, ihre Fortschritte   zu   verfolgen,   ihre Ergebnisse zu evaluieren und dabei Motivation und Selbstwirksamkeit aufzubauen.[13]

Prinzipiell lassen sich verschiedene Arten von Sprachlernberatung unterscheiden. Das Spektrum reicht von individueller Beratung, Peergruppen die gemeinsam lernen und das besprechen, Beratungselementen im Fremdsprachenunterricht, kann kursbegleitend oder kursunabhängig sein, und kann schließlich sowohl face-to-face oder auf Distanz durch E-Mail oder Chat, als auch als Kombination von beiden durchgeführt werden. Dennoch haben diese verschiedenen organisatorischen Formen gemeinsam, dass sie häufig zeitlich begrenzt sind. Nach diesem vorher abgegrenzten Zeitraum sollen sich die Lernenden ihres Lernstiles besser bewusst und dadurch in der Lage sein die in der Beratung gewonnenen Erkenntnisse selbstständig für sich zu nutzen.[14]

Grundsätzlich geht das Konzept der Sprachlernberatung von autonomen Lernenden aus, das bedeutet, dass Lernenden als Personen angesehen werden, die ‚prinzipiell in der Lage [sind], ihr Lernen selbst in die Hand zu nehmen, auch wenn oder gerade weil sie dabei begleitende Unterstützung in der Lernberatung [suchen]'[15]. Selbstverständlich gibt es verschiedene Grade von Autonomie und deren Ausprägung hängt von der bisherigen Lerngeschichte der jeweiligen Person ab. Dennoch ist es ein Ziel von Sprachlernberatung diese Autonomiefähigkeit zu fördern, was auch durch die beratende Person deutlich gemacht werden sollte. Aufgrund der unterschiedlichen Voraussetzungen die die Lernenden in die Beratung mitbringen, gibt es keinen einheitlichen Weg der immer eingeschlagen werden könnte oder sollte. Deshalb ist es wichtig schon zu Beginn der Sprachlernberatung die

---

[13] Mehlhorn/Kleppin, *Sprachlernberatung*, 1
[14] Vlg. Mehlhorn/Kleppin, *Sprachlernberatung*, 1-2
[15] Mehlhorn/Kleppin, *Sprachlernberatung*, 2

Bedürfnisse des/der Ratsuchenden zu erheben und von der Beraterseite die Möglichkeiten und Grenzen einer solchen Lernberatung klar abzustecken.[16]

Die Dauer einer Beratung kann sehr unterschiedlich sein und hängt in den allermeisten Fällen vom Fokus und Zweck der Beratung ab. In der ersten Sitzung wird eine *Sprachlernbiographie* erhoben, um die bisherige Lerngeschichte des/der zu Beratenden kennen zu lernen. Der/die BeraterIn unterstützt den/die LernendeN diese zu evaluieren. Danach sollen, im weiteren Ablauf der Sprachlernberatung, weitere Lernziele formuliert werden. Diese werden auch auf eventuelle Schwierigkeiten beziehungsweise deren Bewältigung untersucht und gegebenenfalls in kleinere Schritte zerlegt. Weiters sollen die verwendeten Lernstrategien reflektiert und bei Bedarf ergänzt oder verworfen werden. Letztlich soll der/die Lernende befähigt werden, seine/ihre Lernhandlungen zu reflektieren und evaluieren sowie eigene Lernfortschritte zu erkennen. Die Lernenden sollen zu einem höheren Grad an Lernerautonomie befähigt werden.[17]

In diesem Zusammenhang werden Beratende als ‚mithelfende, begleitende Gestalter des Lernprozesses, die den Lerner dabei unterstützen, sein eigenes Lernpotential zu entdecken und zu nutzen'[18] verstanden. Weiters erfolgt Sprachlernberatung auf dem Hintergrund des non-direktiven Beratungsansatzes von Rogers, der durch die drei wesentlichen Faktoren positive Wertschätzung/Akzeptanz, Empathie sowie Echtheit und Transparenz gekennzeichnet ist. Es geht darum, die Lernenden zu befähigen sich schrittweise über ihre eigenen Lernhandlungen und -prozesse klar zu werden und so mehr Verantwortung und Kontrolle dafür zu übernehmen.[19]

2.2 Lehrende und Lernberatung – Integration von Beratungselementen in den Fremdsprachenunterricht

Im Laufe der letzten Jahre wurde die Idee eine einzige sinnvolle und überall anwendbare Methode effektiven Fremdsprachenlernens und –lehrens aufgegeben. Stattdessen erfolgte eine Hinwendung zu Konzepten die die Individualisierung des Lernens sowie Lernerautonomie fördern. In diesem Zusammenhang darf aber nicht übersehen werden, dass jegliche Form von autonomem Lernen Einstellungen und Fähigkeiten bei den Lernenden voraussetzt, die zuerst

---

[16] Vlg. Mehlhorn/Kleppin, *Sprachlernberatung*, 2-3
[17] Vlg. Mehlhorn/Kleppin, *Sprachlernberatung*, 3
[18] Mehlhorn/Kleppin, *Sprachlernberatung*, 4
[19] Vlg. Mehlhorn/Kleppin, *Sprachlernberatung*, 4

erworben und dann weiterentwickelt werden müssen. Darüber hinaus lassen sich auch diese nicht allgemein und für alle Lernenden in gleicher Art und Weise absolut festmachen. So wie es nicht *die* Methode für den „klassischen" Fremdsprachenunterricht gibt, gibt es auch nicht den einen Weg den erfolgreiche Fremdsprachenlernende zu beschreiten hätten.[20]

In einem weiteren Schritt geht es nun darum, die unterschiedlichen und individuellen Voraussetzungen die Lernenden in den Fremdsprachenunterricht mitbringen ernst zu nehmen, aufzugreifen und in das Lehren zu integrieren. Um das auch praktisch umsetzten zu können, müssen in den Fremdsprachenunterricht selbst schon Elemente von Lernberatung integriert werden. Das wiederum ist aber nur im Kontext eines autonomiefördernden Fremdsprachenunterrichts vorstell- und durchführbar.[21]

Schließlich muss in diesem Zusammenhang das klassische Selbstverständnis von Lehrpersonen hinterfragt und eventuell verändert und so den neuen Bedürfnissen angepasst werden. Um die Herausforderungen der Doppelrolle LehrerIn und BeraterIn in einer Person sein zu können, muss der „erzieherische Auftrag des Lehrers dahingehend um[gestaltet werden], dass das primäre Ziel die Förderung des eigenverantwortlichen Lernens wird. Unterstützend wirken der Abbau des Lehrens im Sinne von Belehren und die Stärkung von Beratungselementen, die den Schüler zur Suche nach seinem Lernweg anregen und ihm die nötige Hilfestellung bieten soll".[22]

So sollen Lernende schon konkret im Unterricht lernen, selbstständig Entscheidungen zu treffen, ihr Lernen zu reflektieren und diesen Prozess schließlich auch zu evaluieren. Wenn diese autonomiefördernden Maßnahmen ein selbstverständlicher Bestandteil des Fremdsprachenunterrichts (geworden) sind, entschärft sich auch der befürchtete Rollenkonflikt zwischen LehrerInnen- und BeraterInnenrolle. Darüber hinaus birgt diese Doppelrolle durchaus nicht zu vernachlässigende Chancen. Normalerweise kennen Lehrende die Stärken und Schwächen sowie Lernstrategien ihrer Lernenden besser als Außenstehende. Auf diese Weise können sie Lernfortschritte nicht nur besser einschätzen, sondern können auch entsprechendes Feedback geben. Weiters können sie bei Bedarf auch ihren Unterricht besser an die jeweiligen Bedürfnisse der Lernenden anpassen, wenn sie diese nicht nur aus der „klassischen Lehrerperspektive" sehen. Dennoch ist eine gute Unterrichtsatmosphäre, die

---

[20] Vlg. Kleppin, *Vom Lehrer zum Lernberater*, 51
[21] Vlg. Kleppin, *Vom Lehrer zum Lernberater*, 51-52
[22] Hoffmann, *Integration von Beratungselementen*, 2

durch gegenseitiges Vertrauen und Respekt gekennzeichnet ist, eine wesentliche Voraussetzung, um Beratungselemente in den Fremdsprachenunterricht erfolgreich integrieren zu können.[23] Konkret bedeutet das Integrieren von Beratungselementen in den Fremdsprachenunterricht, dass die Lernenden ‚die Fähigkeit entwickel[n] zu selbstverantwortlichen Entscheidungen in Bezug auf [ihr] eigene[s] Lernen zu kommen'[24]. Diese Fähigkeit kann im Wesentlichen in drei Aspekten zusammengefasst werden, die sich auf Folgendes beziehen:

1. Möglichkeiten der Realisierung eigener Lernziele im Rahmen einer Institution mit vorgebenen Lernzielen,
2. Möglichkeiten der Realisierung von eigenen methodischen Vorlieben und Vorgehensweisen innerhalb einer fest gefügten Lerngruppe und
3. Möglichen zu Verfahren der Selbstevaluation innerhalb einer Institution mit vorgegebenen Prüfungs- und Bewertungsverfahren.[25]

In noch konkreteren Schritten lassen sich die oben genannten Punkte durch folgende Vorgehensweisen im Fremdsprachenunterricht umsetzten: Sowohl institutionelle Vorbedingungen als auch vermittlungsmethodische Entscheidungen wie Entscheidungen im Bezug auf das Verhalten der Lehrperson sollen mit den Lernenden thematisiert und dadurch transparent gemacht werden. Weiters soll nicht nur auf das Vorwissen und bereits eingesetzte Strategien der Lernenden eingegangen werden, sondern auch möglichst viele und verschiedene Lernwege und –prozesse vorgestellt und erprobt werden. Ein zusätzlicher Aspekt, der nicht vernachlässigt werden darf, ist die Handlungssicherheit der Lernenden zu fördern und damit ihr Selbstvertrauen zu stärken. Schließlich geht es auch um eine Selbstevaluation neben den vorgeschriebenen heteroevaluativen Prüfungen. Eine Möglichkeit die Lernenden bei ihrer Selbstevaluation zu unterstützten, wäre eine individuelle Überprüfung durch die Lehrperson. Dabei können die Lernenden angeben, was sie gelernt haben und die Lehrperson korrigiert dann unter Beachtung genau dieser Fragestellung. Eine andere Möglichkeit wäre, diese „gesteuerte Fremdkontrolle" auch in Partner- oder Kleingruppenteams anzuwenden und den Lernenden so die Möglichkeit geben, sich gegenseitig zu helfen.[26]

---

[23] Vlg. Hoffmann, *Integration von Beratungselementen*, 1-2
[24] Kleppin, *Vom Lehrer zum Lernberater*, 55
[25] Kleppin, *Vom Lehrer zum Lernberater*, 55-56
[26] Vlg. Kleppin, *Vom Lehrer zum Lernberater*, 55-57

Verwendete Literatur

DAM, LENI. 1999. „How to develop autonomy in a school context – how to get teachers to change their practice". in Edelhoff, Christoph/Weskamp Ralf (Hrsg.). *Autonomes Fremdsprachenlernen.* Ismanig: Hueber, 113-133.

HERBST, ANGELIKA. 2001. „Autoevaluation: Für mehr Selbstständigkeit bei der Kontrolle des Lernprozesses" in Meißner, Franz-Joseph/Reinfried, Marcus (Hrsg.). *Bausteine für einen neokommunikativen Französischunterricht.* Tübingen: Narr Verlag, 61-74.

HOFFMANN, SABINE. (2006). Integration von Beratungselementen in den Fremdsprachenunterricht am Beispiel von Projektarbeit. *Zeitschrift für Interkulturellen Fremdsprachenunterricht* [Online], 11 (2), 10 pp. Abrufbar unter http://www.ualberta.ca/~german/ejournal/Hoffmann1.htm

KLEPPIN, KARIN. 2001. "Vom Lehrer zum Lernberater: Zur Integration von Beratungselementen in den Fremdsprachenunterricht". in Meißner, Franz-Joseph/Reinfried, Marcus (Hrsg.). *Bausteine für einen neokommunikativen Französischunterricht.* Tübingen: Narr Verlag, 51-60.

LITTLE, DAVID. 1991. *Learner autonomy 1: Definitions, Issues and Problems.* Dublin: Authentik Language Resources Ltd.

MEHLHORN, GRIT und KARIN KLEPPIN. (2006). Sprachlernberatung: Einführung in den Themenschwerpunkt. *Zeitschrift für Interkulturellen Fremdsprachenunterricht* [Online], 11 (2), 12 pp. Abrufbar unter http://www.ualberta.ca/~german/ejournal/MehlhornKleppin1.htm

WOLFF, DIETER. 2003[4]. „Lernerautonomie und selbst gesteuertes fremdsprachliches Lernen: Überblick". in Bausch, Karl-Richard/Christ, Herbert/Krumm, Hans-Jürgen (Hrsg.). *Handbuch Fremdsprachenunterricht.* Tübigen/Basel: Francke Verlag, 321-326.